금비야, 오늘부터 내가 **5일** 동안 하루에 **사탕 2개씩** 줄게. 그러면 5일 후에는 모두 몇 개가 되는지 알아?

사탕을 매일 2개씩 준다꼬? 그럼 5일이면 몇 개가 되지?

구구단을 공부하면 알 수 있어. 구구단은 '**곱셈구구**'라고도 해. 우리랑 함께 구구단 쓰기를 하며 함께 공부해 볼래?

이 책의 구성과 특징

1. 체계적인 4단계 학습

묶어 세기와 뛰어 세기를 통해 수 세기에 대해 알아보는 **준비 단계**부터 그림과 덧셈식을 통해 구구단의 개념을 공부하는 **연습 단계**, 구구단을 읽고 쓰며 익히는 **실전 단계**, 곱셈구구표 채우기와 곱셈식 풀기 등의 활동을 하는 **응용 단계**까지 **총 4단계**를 차근차근 공부합니다.

2. 하루 10분 구구단 쓰기! 칭찬 스티커와 상장까지!

공부를 마치고 **칭찬 스티커**를 붙여요!

매일 공부한 날짜를 적고 그날의 나를 **칭찬하는 스티커**를 붙일 수 있어요.
매일매일 구구단 쓰기를 하고 나면 나에게 수여하는 **신비 칭찬 상장**이 생겨요.

차 례

1장 신비랑 구구단 알아보기 … 4
* 찾아라! 틀린그림찾기 … 20

2장 금비랑 구구단 개념 익히기 … 22
* 찾아라! 숨은 귀신 … 32
* 나만의 색칠놀이 … 42

3장 하리랑 구구단 쓰기 … 44
* 알쏭달쏭 미로찾기 … 54
* 찾아라! 귀신 조각 … 64
* 찾아라! 숨은그림찾기 … 74
* 구구단 미로찾기 … 84

4장 두리랑 구구단 문제 풀기 … 86
* 정답 … 95

1판 1쇄 발행 | 2021년 4월 21일 1판 2쇄 발행 | 2022년 9월 29일 구성 | 김수경 그림 | 최진규
발행인 | 심정섭 편집인 | 안예남 편집장 | 최영미 편집 | 한나래, 손유라 출판마케팅 | 홍성현, 경주현 제작 | 이수행, 오길섭
발행처 | 서울문화사 등록일 | 1988년 2월 16일 등록번호 | 제2-484 주소 | 서울시 용산구 새창로 221-19
전화 | 편집 (02)799-9148, 판매 (02)791-0752 팩스 | 편집 (02)799-9144, 판매 (02)790-5922
디자인 | 디자인 레브 출력 | 덕일인쇄사 인쇄처 | 에스엠그린 ISBN | 979-11-6438-392-4

1장

신비랑 구구단 알아보기

# 구구단을 왜 공부할까?

그림에서 색칠하지 않은 곳을 직접 색칠해 보세요.

월   일

금비야, 그렇게 하나하나 세는 것보다 **묶음**으로 세면 더 빨리 셀 수 있어. 과일과 생선은 묶음으로 팔고 있잖아.

*묶음: 한곳에 모아서 묶어 놓은 덩이.

두리 말이 맞아. 똑같은 수를 여러 번 더할 때는 **곱셈**으로 하는 게 더 빨라. 사과는 3개씩 묶음이잖아. 그리고 모두 5묶음이 있지? 그러니까 **3(개) x 5(묶음)=15(개)**, 모두 **15개** 있어.

*곱셈: 2개 이상의 수나 식을 곱하여 계산.

우째 그리 빨리 세나?

구구단을 익히면 금비 너도 **셈**을 빨리 할 수 있어.

*셈: 수를 세는 일.

같은 수를 여러 번 더할 때나 묶음을 셀 때는 곱셈을 해요. 구구단을 알고 있으면 곱셈을 쉽고 빠르게 할 수 있지요. 구구단은 1부터 9까지의 수 중에서 두 수를 곱한 값을 나타낸 것이에요.

생선은 5마리씩 한 묶음이고, 총 4개의 묶음이 있으니까
5(마리) x 4(묶음) = 20(마리).
그럼 자전거 가게에 있는 자전거의 바퀴는 모두 몇 개일까요?
자전거 바퀴는 2개씩이고, 6대가 있으니까 2(개) x 6(대) = 12(개)랍니다.

올바른 순서로 숫자 쓰기

1부터 10까지의 숫자를 올바른 순서로 써 보세요. 숫자를 쓰면서 소리 내어 읽고 그 수에 맞는 그림을 찾아 선으로 연결해 보세요.

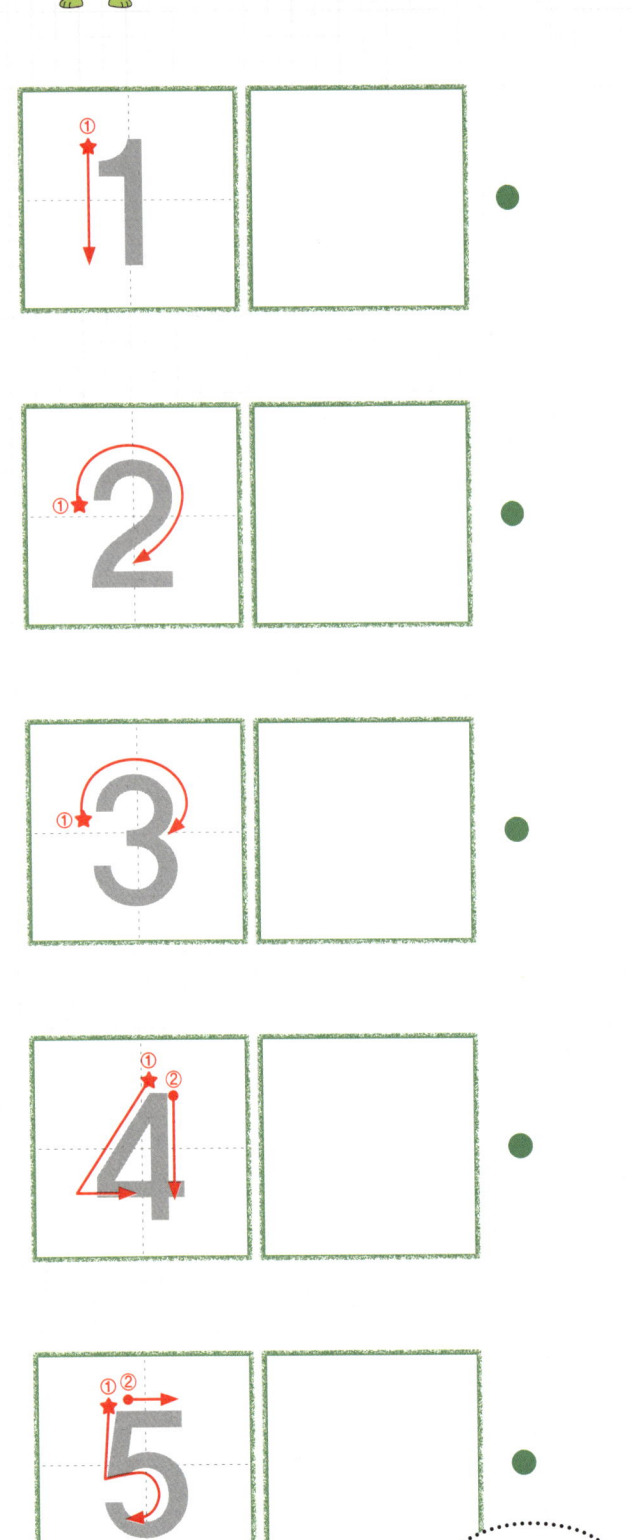

숫자를 한 번 더 써 보세요.

월 일

순서대로 써요!

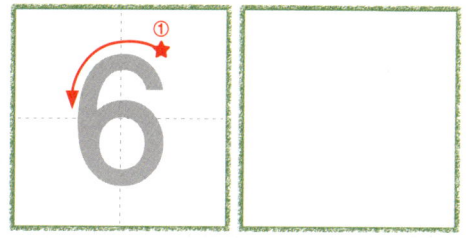 • •

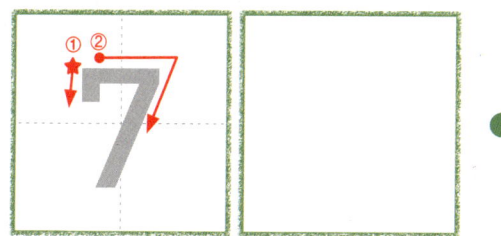 • •

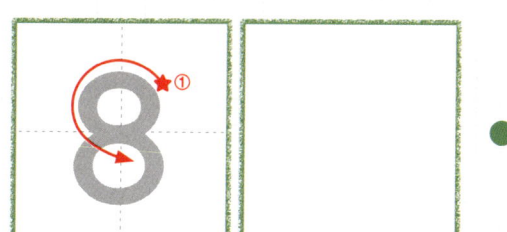 • •

 • •

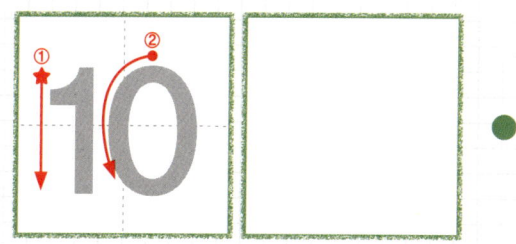 • •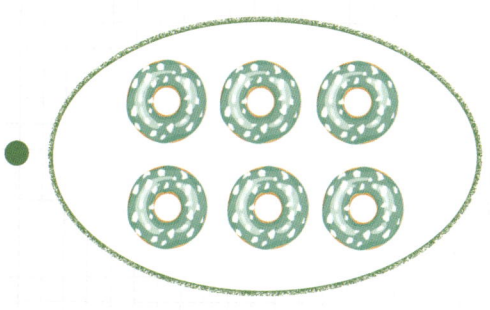

숫자표 채우기 ①

1부터 50까지의 숫자표예요.
빈칸에 알맞은 수를 써넣으면서 수를 순서대로 익혀 보세요.

1	2	3	4	5
6		8		10
11	12		14	15
	17		19	
21	22	23		25

1부터 25까지 써 볼까요?

월 일

양옆의 수를 잘 살펴보며 빈칸의 수를 생각해 봐요!

26	27			30
31		33	34	
	37		39	40
41			44	45
	47	48	49	

50까지 쓰기 성공!

숫자표 채우기 ②

51부터 100까지의 숫자표예요.
빈칸에 알맞은 수를 써넣으면서 수를 순서대로 익혀 보세요.

51	52	53		
56		58		60
	62	63		65
66			69	70
	72		74	75

75까지 썼다면 이제 100까지 써 봐요~

월 일

소리 내어 읽으면서 하나씩 써요!

76			78	79	80
	82			84	85
86	87	88			
91		93	94		
96	97	98			100

와~! 100까지 쓰기 성공!

같은 수 여러 번 더하기

그림을 보면서 같은 수를 여러 번 더한 값을 써 보세요.

① **2를 5번 더하기** 사탕은 모두 몇 개인가요?

값  10

② **3을 4번 더하기** 사과는 모두 몇 개인가요?

값

③ **5를 3번 더하기** 물고기는 모두 몇 마리인가요?

값

월   일

④ 6을 4번 더하기   축구공은 모두 몇 개인가요?

⑤ 4를 7번 더하기   지우개는 모두 몇 개인가요?

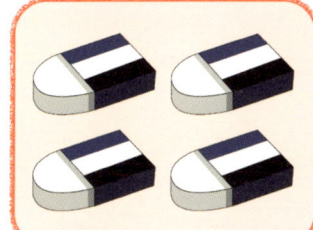 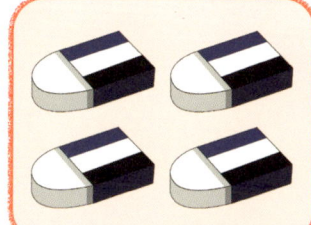 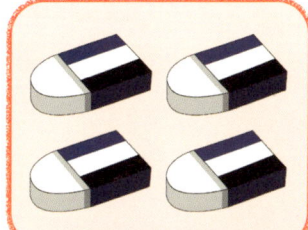 

  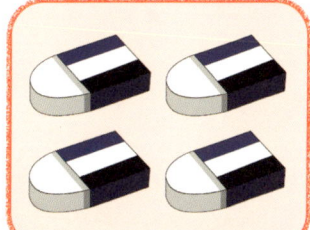

⑥ 7을 2번 더하기   연필은 모두 몇 자루인가요?

개수를 모두 더해 보면 쉬워요.

묶어 세기 하며 값 쓰기

숫자를 같은 수만큼 묶어서 세어 보세요.
그리고 묶어 세기 한 값을 써 보세요.

① 2를 3번 더하기   숫자를 2개씩 3묶음을 만들어요.

(1) (2) (3) (4) (5) (6) 7 8 9

*앞에서부터 차례대로 묶어 세기를 해요.

값 6

② 3을 4번 더하기   숫자를 3개씩 4묶음을 만들어요.

(1 2 3) (4 5 6) 7 8 9
10 11 12 13 14 15 16 17 18

값

③ 4를 4번 더하기   숫자를 4개씩 4묶음을 만들어요.

1 2 3 4 5 6 7 8
9 10 11 12 13 14 15 16

값

월   일

④ 5를 3번 더하기 숫자를 5개씩 3묶음을 만들어요.

| 1 | 2 | 3 | 4 | 5 | 6 | 7 | 8 | 9 | 10 |
| 11 | 12 | 13 | 14 | 15 | 16 | 17 | 18 | 19 | 20 |

값

⑤ 7을 5번 더하기 숫자를 7개씩 5묶음을 만들어요.

1	2	3	4	5	6	7
8	9	10	11	12	13	14
15	16	17	18	19	20	21
22	23	24	25	26	27	28
29	30	31	32	33	34	35

묶어 세기 한 후 마지막 숫자가 바로 더한 값이에요.

값

뛰어 세기 하며 값 쓰기

같은 수만큼 뛰어서 세어 보세요.
그리고 뛰어 세기 한 값을 써 보세요.

① **2를 3번 더하기**   2씩 3번 뛰어 세기 해요.

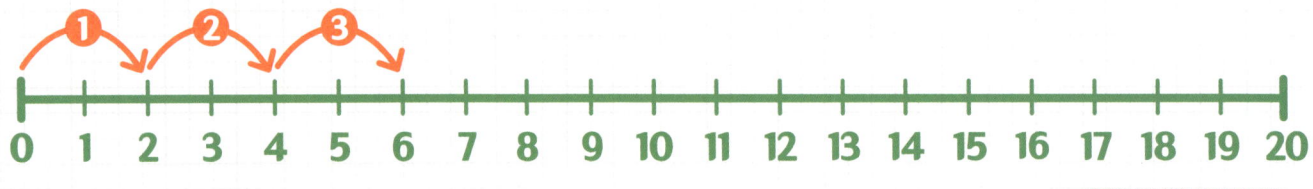

값 6

② **2를 5번 더하기**   2씩 5번 뛰어 세기 해요.

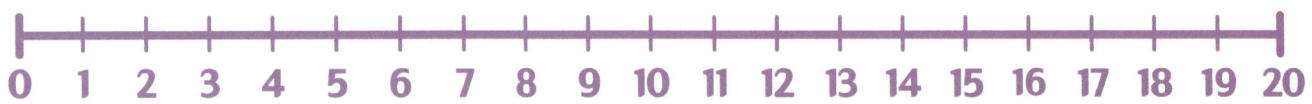

값

③ **3을 6번 더하기**   3씩 6번 뛰어 세기 해요.

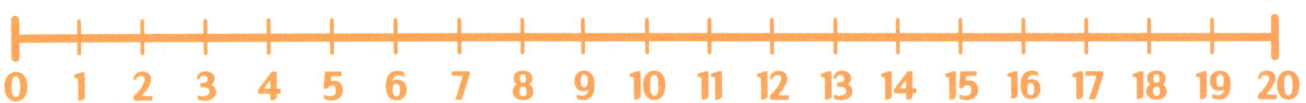

값

월   일

④ **4를 3번 더하기**   4씩 3번 뛰어 세기 해요.

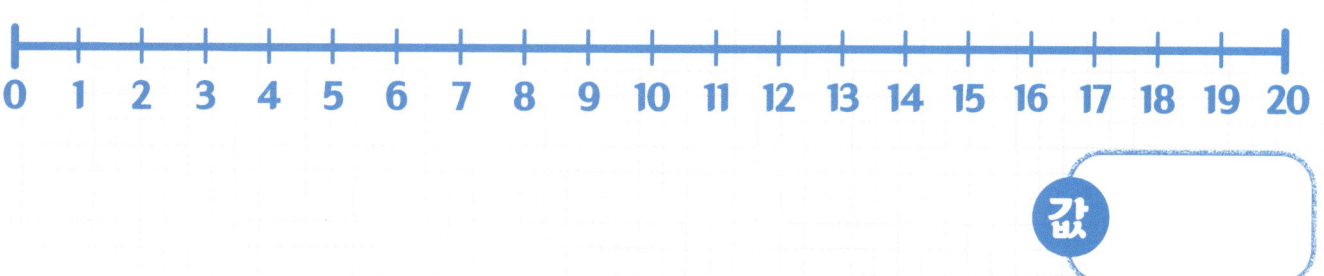

값

⑤ **5를 6번 더하기**   5씩 6번 뛰어 세기 해요.

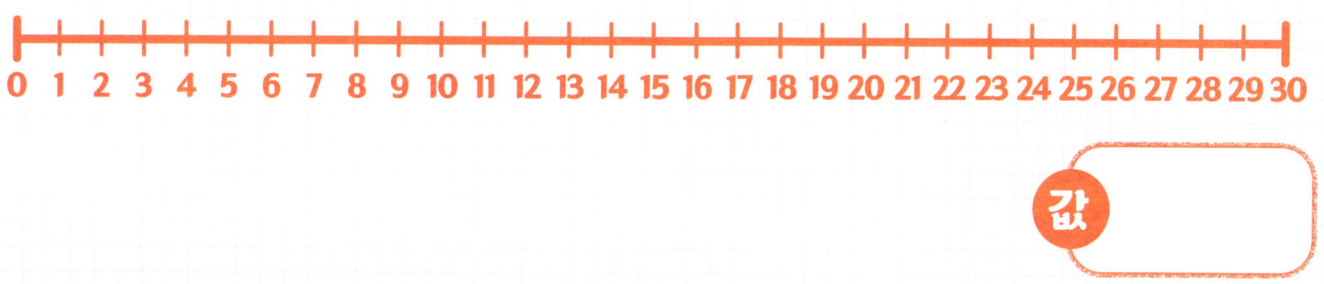

값

⑥ **8을 4번 더하기**   8씩 4번 뛰어 세기 해요.

값

찾아라! 틀린그림찾기

왼쪽과 오른쪽의 그림을 잘 보고 다른 부분 8군데를 찾아보세요.

2장

금비랑 구구단 개념 익히기

무엇을 공부할까?

구구단 2단~9단 개념 익히기

① 그림 보고 값 쓰기

② 덧셈식 보고 값 쓰기

구구단 개념 익히기 2단

① 그림 보고 값 쓰기

2를 여러 번 더하는 셈이에요.
그림을 보고 값을 써 보세요.

값을 구하다 보면 수가 2씩 커진다는 걸 알 수 있어요!

	2를 여러 번 더하기	값
1번	▫	2
2번	▫+▫	4
3번	▫+▫+▫	6
4번	▫+▫+▫+▫	
5번	▫+▫+▫+▫+▫	
6번	▫+▫+▫+▫+▫+▫	
7번	▫+▫+▫+▫+▫+▫+▫	
8번	▫+▫+▫+▫+▫+▫+▫+▫	
9번	▫+▫+▫+▫+▫+▫+▫+▫+▫	

2 덧셈식 보고 값 쓰기

2를 여러 번 더하는 셈이에요.
덧셈식을 보고 값을 써 보세요.

	2를 여러 번 더하기	값
1번	2	2
2번	2+2	4
3번	2+2+2	6
4번	2+2+2+2	
5번	2+2+2+2+2	
6번	2+2+2+2+2+2	
7번	2+2+2+2+2+2+2	
8번	2+2+2+2+2+2+2+2	
9번	2+2+2+2+2+2+2+2+2	

구구단 개념 익히기 3단

1 그림 보고 값 쓰기

3을 여러 번 더하는 셈이에요. 그림을 보고 값을 써 보세요.

	3을 여러 번 더하기	값
1번	⚂	3
2번	⚂+⚂	6
3번	⚂+⚂+⚂	9
4번	⚂+⚂+⚂+⚂	
5번	⚂+⚂+⚂+⚂+⚂	
6번	⚂+⚂+⚂+⚂+⚂+⚂	
7번	⚂+⚂+⚂+⚂+⚂+⚂+⚂	
8번	⚂+⚂+⚂+⚂+⚂+⚂+⚂+⚂	
9번	⚂+⚂+⚂+⚂+⚂+⚂+⚂+⚂+⚂	

2 덧셈식 보고 값 쓰기

3을 여러 번 더하는 셈이에요.
덧셈식을 보고 값을 써 보세요.

	3을 여러 번 더하기	값
1번	3	3
2번	3 + 3	6
3번	3 + 3 + 3	9
4번	3 + 3 + 3 + 3	
5번	3 + 3 + 3 + 3 + 3	
6번	3 + 3 + 3 + 3 + 3 + 3	
7번	3 + 3 + 3 + 3 + 3 + 3 + 3	
8번	3 + 3 + 3 + 3 + 3 + 3 + 3 + 3	
9번	3 + 3 + 3 + 3 + 3 + 3 + 3 + 3 + 3	

구구단 개념 익히기 4단

① 그림 보고 값 쓰기

4를 여러 번 더하는 셈이에요. 그림을 보고 값을 써 보세요.

	4를 여러 번 더하기	값
1번	⊡	4
2번	⊡ + ⊡	8
3번	⊡ + ⊡ + ⊡	12
4번	⊡ + ⊡ + ⊡ + ⊡	
5번	⊡ + ⊡ + ⊡ + ⊡ + ⊡	
6번	⊡ + ⊡ + ⊡ + ⊡ + ⊡ + ⊡	
7번	⊡ + ⊡ + ⊡ + ⊡ + ⊡ + ⊡ + ⊡	
8번	⊡ + ⊡ + ⊡ + ⊡ + ⊡ + ⊡ + ⊡ + ⊡	
9번	⊡ + ⊡ + ⊡ + ⊡ + ⊡ + ⊡ + ⊡ + ⊡ + ⊡	

2 덧셈식 보고 값 쓰기

4를 여러 번 더하는 셈이에요.
덧셈식을 보고 값을 써 보세요.

	4를 여러 번 더하기	값
1번	4	4
2번	4 + 4	8
3번	4 + 4 + 4	12
4번	4 + 4 + 4 + 4	
5번	4 + 4 + 4 + 4 + 4	
6번	4 + 4 + 4 + 4 + 4 + 4	
7번	4 + 4 + 4 + 4 + 4 + 4 + 4	
8번	4 + 4 + 4 + 4 + 4 + 4 + 4 + 4	
9번	4 + 4 + 4 + 4 + 4 + 4 + 4 + 4 + 4	

 구구단 개념 익히기 5단

1 그림 보고 값 쓰기

5를 여러 번 더하는 셈이에요. 그림을 보고 값을 써 보세요.

	5를 여러 번 더하기	값
1번	⬛	5
2번	⬛+⬛	10
3번	⬛+⬛+⬛	15
4번	⬛+⬛+⬛+⬛	
5번	⬛+⬛+⬛+⬛+⬛	
6번	⬛+⬛+⬛+⬛+⬛+⬛	
7번	⬛+⬛+⬛+⬛+⬛+⬛+⬛	
8번	⬛+⬛+⬛+⬛+⬛+⬛+⬛+⬛	
9번	⬛+⬛+⬛+⬛+⬛+⬛+⬛+⬛+⬛	

2 덧셈식 보고 값 쓰기

5를 여러 번 더하는 셈이에요.
덧셈식을 보고 값을 써 보세요.

5단은 신기해요! 값의 끝이 모두 5 아니면 0으로 끝나지요!

	5를 여러 번 더하기	값
1번	5	5
2번	5 + 5	10
3번	5 + 5 + 5	15
4번	5 + 5 + 5 + 5	
5번	5 + 5 + 5 + 5 + 5	
6번	5 + 5 + 5 + 5 + 5 + 5	
7번	5 + 5 + 5 + 5 + 5 + 5 + 5	
8번	5 + 5 + 5 + 5 + 5 + 5 + 5 + 5	
9번	5 + 5 + 5 + 5 + 5 + 5 + 5 + 5 + 5	

+5 +5 +5 +5 +5 +5 +5

찾아라! 숨은 귀신

🔍 그림을 잘 보고 두리, 구묘주귀, 화동귀, 추파카브라가 모두 몇이나 있는지 찾아보세요.

아래 빈칸에 그 수를 적어 보세요.

 구구단 개념 익히기 6단

① 그림 보고 값 쓰기

6을 여러 번 더하는 셈이에요.
그림을 보고 값을 써 보세요.

수가 6씩 커지는지 살펴볼까요?

	6을 여러 번 더하기	값
1번	🎲	6
2번	🎲+🎲	12
3번	🎲+🎲+🎲	18
4번	🎲+🎲+🎲+🎲	
5번	🎲+🎲+🎲+🎲+🎲	
6번	🎲+🎲+🎲+🎲+🎲+🎲	
7번	🎲+🎲+🎲+🎲+🎲+🎲+🎲	
8번	🎲+🎲+🎲+🎲+🎲+🎲+🎲+🎲	
9번	🎲+🎲+🎲+🎲+🎲+🎲+🎲+🎲+🎲	

2 덧셈식 보고 값 쓰기

6을 여러 번 더하는 셈이에요.
덧셈식을 보고 값을 써 보세요.

	6을 여러 번 더하기	값
1번	6	6
2번	6 + 6	12
3번	6 + 6 + 6	18
4번	6 + 6 + 6 + 6	
5번	6 + 6 + 6 + 6 + 6	
6번	6 + 6 + 6 + 6 + 6 + 6	
7번	6 + 6 + 6 + 6 + 6 + 6 + 6	
8번	6 + 6 + 6 + 6 + 6 + 6 + 6 + 6	
9번	6 + 6 + 6 + 6 + 6 + 6 + 6 + 6 + 6	

구구단 개념 익히기 7단

1 그림 보고 값 쓰기

7을 여러 번 더하는 셈이에요. 그림을 보고 값을 써 보세요.

	7을 여러 번 더하기	값
1번	🗼	7
2번	🗼 + 🗼	14
3번	🗼 + 🗼 + 🗼	21
4번	🗼 + 🗼 + 🗼 + 🗼	
5번	🗼 + 🗼 + 🗼 + 🗼 + 🗼	
6번	🗼 + 🗼 + 🗼 + 🗼 + 🗼 + 🗼	
7번	🗼 + 🗼 + 🗼 + 🗼 + 🗼 + 🗼 + 🗼	
8번	🗼 + 🗼 + 🗼 + 🗼 + 🗼 + 🗼 + 🗼 + 🗼	
9번	🗼 + 🗼 + 🗼 + 🗼 + 🗼 + 🗼 + 🗼 + 🗼 + 🗼	

2 덧셈식 보고 값 쓰기

7을 여러 번 더하는 셈이에요.
덧셈식을 보고 값을 써 보세요.

이번에는 수가 7씩 커지는 거예요.

	7을 여러 번 더하기	값
1번	7	7
2번	7 + 7	14
3번	7 + 7 + 7	21
4번	7 + 7 + 7 + 7	
5번	7 + 7 + 7 + 7 + 7	
6번	7 + 7 + 7 + 7 + 7 + 7	
7번	7 + 7 + 7 + 7 + 7 + 7 + 7	
8번	7 + 7 + 7 + 7 + 7 + 7 + 7 + 7	
9번	7 + 7 + 7 + 7 + 7 + 7 + 7 + 7 + 7	

 # 구구단 개념 익히기 8단

1 그림 보고 값 쓰기

8을 여러 번 더하는 셈이에요.
그림을 보고 값을 써 보세요.

	8을 여러 번 더하기	값
1번		8
2번		16
3번		24
4번		
5번		
6번		
7번		
8번		
9번		

2 덧셈식 보고 값 쓰기

8을 여러 번 더하는 셈이에요.
덧셈식을 보고 값을 써 보세요.

	8을 여러 번 더하기	값
1번	8	8
2번	8 + 8	16
3번	8 + 8 + 8	24
4번	8 + 8 + 8 + 8	
5번	8 + 8 + 8 + 8 + 8	
6번	8 + 8 + 8 + 8 + 8 + 8	
7번	8 + 8 + 8 + 8 + 8 + 8 + 8	
8번	8 + 8 + 8 + 8 + 8 + 8 + 8 + 8	
9번	8 + 8 + 8 + 8 + 8 + 8 + 8 + 8 + 8	

구구단 개념 익히기 9단

① 그림 보고 값 쓰기

9를 여러 번 더하는 셈이에요. 그림을 보고 값을 써 보세요.

	9를 여러 번 더하기	값
1번	🌸	9
2번	🌸+🌸	18
3번	🌸+🌸+🌸	27
4번	🌸+🌸+🌸+🌸	
5번	🌸+🌸+🌸+🌸+🌸	
6번	🌸+🌸+🌸+🌸+🌸+🌸	
7번	🌸+🌸+🌸+🌸+🌸+🌸+🌸	
8번	🌸+🌸+🌸+🌸+🌸+🌸+🌸+🌸	
9번	🌸+🌸+🌸+🌸+🌸+🌸+🌸+🌸+🌸	

2 덧셈식 보고 값 쓰기

9를 여러 번 더하는 셈이에요.
덧셈식을 보고 값을 써 보세요.

9단도 신기해요!
값의 끝이 9, 8, 7, 6, 5, 4, 3, 2, 1로 작아져요!

	9를 여러 번 더하기	값
1번	9	9
2번	9 + 9	18
3번	9 + 9 + 9	27
4번	9 + 9 + 9 + 9	
5번	9 + 9 + 9 + 9 + 9	
6번	9 + 9 + 9 + 9 + 9 + 9	
7번	9 + 9 + 9 + 9 + 9 + 9 + 9	
8번	9 + 9 + 9 + 9 + 9 + 9 + 9 + 9	
9번	9 + 9 + 9 + 9 + 9 + 9 + 9 + 9 + 9	

나만의 색칠놀이

멋지게 색칠하고 말풍선 속에 재미있는 대사를 써넣어 보세요.

3장

하리랑 구구단 쓰기

무엇을 공부할까?

1 구구단 2단~9단 읽고 쓰기
 ① 소리 내어 읽고 한글로 쓰기 ② 곱셈식 쓰기

2 구구단 2단~9단 익히기
 ① 뛰어 세기 하며 익히기 ② 곱셈표 채우기

구구단 읽고 쓰기 2단

① 2단을 소리 내어 읽고 한글로 써 보세요.

5번씩 읽기!
또박또박!

2단	소리 내어 읽기	한글로 쓰기
2 × 1 = 2	이 일은 이	이일은이
2 × 2 = 4	이 이는 사	
2 × 3 = 6	이 삼은 육	
2 × 4 = 8	이 사 팔	
2 × 5 = 10	이 오 십	
2 × 6 = 12	이 육 십이	
2 × 7 = 14	이 칠 십사	
2 × 8 = 16	이 팔 십육	
2 × 9 = 18	이 구 십팔	

소리 내어 읽을 때마다 숫자에 동그라미 표시해요!
    5

월   일

2 2단의 곱셈식을 써 보세요.

회색 글씨 따라 쓰기!   직접 써 보기!

2 × 1 = 2	2 × 1 = 2	
2 × 2 = 4	2 × 2 = 4	
2 × 3 = 6	2 × 3 = 6	
2 × 4 = 8	2 × 4 = 8	
2 × 5 = 10	2 × 5 = 10	
2 × 6 = 12	2 × 6 = 12	
2 × 7 = 14	2 × 7 = 14	
2 × 8 = 16	2 × 8 = 16	
2 × 9 = 18	2 × 9 = 18	

이 일은 이, 이 이는 사~! 노래하듯 리듬을 붙여서 읽어 봐요.

구구단 읽고 쓰기 3단

① 3단을 소리 내어 읽고 한글로 써 보세요.

5번씩 읽기!
또박또박!

3단	소리 내어 읽기	한글로 쓰기
3 × 1 = 3	삼 일 은 삼	삼일은삼
3 × 2 = 6	삼 이 육	
3 × 3 = 9	삼 삼 은 구	
3 × 4 = 12	삼 사 십이	
3 × 5 = 15	삼 오 십오	
3 × 6 = 18	삼 육 십팔	
3 × 7 = 21	삼 칠 이십일	
3 × 8 = 24	삼 팔 이십사	
3 × 9 = 27	삼 구 이십칠	

소리 내어 읽을 때마다 숫자에 동그라미 표시해요!

1　2　3　4　5

월 일

2 3단의 곱셈식을 써 보세요.

회색 글씨 따라 쓰기!   직접 써 보기!

3 × 1 = 3	3 × 1 = 3	
3 × 2 = 6	3 × 2 = 6	
3 × 3 = 9	3 × 3 = 9	
3 × 4 = 12	3 × 4 = 12	
3 × 5 = 15	3 × 5 = 15	
3 × 6 = 18	3 × 6 = 18	
3 × 7 = 21	3 × 7 = 21	
3 × 8 = 24	3 × 8 = 24	
3 × 9 = 27	3 × 9 = 27	

구구단을 쓰자 ♪ 구구단을 쓰자 ♫

# 구구단 읽고 쓰기 4단

1 4단을 소리 내어 읽고 한글로 써 보세요.

4단	소리 내어 읽기	한글로 쓰기
4 × 1 = 4	사 일 은 사	사 일 은 사
4 × 2 = 8	사 이 팔	
4 × 3 = 12	사 삼 십이	
4 × 4 = 16	사 사 십육	
4 × 5 = 20	사 오 이십	
4 × 6 = 24	사 육 이십사	
4 × 7 = 28	사 칠 이십팔	
4 × 8 = 32	사 팔 삼십이	
4 × 9 = 36	사 구 삼십육	

 소리 내어 읽을 때마다 숫자에 동그라미 표시해요!
1 2 3 4 5

월   일

2 4단의 곱셈식을 써 보세요.

회색 글씨 따라 쓰기!   직접 써 보기!

4 × 1 = 4	4 × 1 = 4	
4 × 2 = 8	4 × 2 = 8	
4 × 3 = 12	4 × 3 = 12	
4 × 4 = 16	4 × 4 = 16	
4 × 5 = 20	4 × 5 = 20	
4 × 6 = 24	4 × 6 = 24	
4 × 7 = 28	4 × 7 = 28	
4 × 8 = 32	4 × 8 = 32	
4 × 9 = 36	4 × 9 = 36	

누나! 2초 안에 맞혀 봐! 4 × 6?

24!

구구단 읽고 쓰기 5단

1 5단을 소리 내어 읽고 한글로 써 보세요.

5번씩 읽기!

또박 또박!

5단	소리 내어 읽기	한글로 쓰기
5 × 1 = 5	오 일은 오	오 일은 오
5 × 2 = 10	오 이 십	
5 × 3 = 15	오 삼 십오	
5 × 4 = 20	오 사 이십	
5 × 5 = 25	오 오 이십오	
5 × 6 = 30	오 육 삼십	
5 × 7 = 35	오 칠 삼십오	
5 × 8 = 40	오 팔 사십	
5 × 9 = 45	오 구 사십오	

소리 내어 읽을 때마다 숫자에 동그라미 표시해요!
1　2　3　4　5

월   일

2 5단의 곱셈식을 써 보세요.

회색 글씨 따라 쓰기!   직접 써 보기!

5 × 1 = 5	5 × 1 = 5	
5 × 2 = 10	5 × 2 = 10	
5 × 3 = 15	5 × 3 = 15	
5 × 4 = 20	5 × 4 = 20	
5 × 5 = 25	5 × 5 = 25	
5 × 6 = 30	5 × 6 = 30	
5 × 7 = 35	5 × 7 = 35	
5 × 8 = 40	5 × 8 = 40	
5 × 9 = 45	5 × 9 = 45	

5단은 값의 끝이 5 아니면 0으로 끝나지요?

알쏭달쏭 미로찾기

아파트 옥상에서 출발해서 1층까지 내려가 볼까?

도착

신비가 왼쪽의 아파트 미로를 탈출할 수 있게 도와주세요.
그리고 오른쪽 미로에서는 자동차를 타는 주인공이 누구인지 알아맞혀 보세요.

# 구구단 읽고 쓰기 6단

① 6단을 소리 내어 읽고 한글로 써 보세요.

5번씩 읽기!
또박또박!

6단	소리 내어 읽기	한글로 쓰기
6 × 1 = 6	육 일 은 육	육일은육
6 × 2 = 12	육 이 십이	
6 × 3 = 18	육 삼 십팔	
6 × 4 = 24	육 사 이십사	
6 × 5 = 30	육 오 삼십	
6 × 6 = 36	육 육 삼십육	
6 × 7 = 42	육 칠 사십이	
6 × 8 = 48	육 팔 사십팔	
6 × 9 = 54	육 구 오십사	

소리 내어 읽을 때마다 숫자에 동그라미 표시해요!
1 2 3 4 5

월   일

2. 6단의 곱셈식을 써 보세요.

회색 글씨 따라 쓰기! 직접 써 보기!

6 × 1 = 6	6 × 1 = 6	
6 × 2 = 12	6 × 2 = 12	
6 × 3 = 18	6 × 3 = 18	
6 × 4 = 24	6 × 4 = 24	
6 × 5 = 30	6 × 5 = 30	
6 × 6 = 36	6 × 6 = 36	
6 × 7 = 42	6 × 7 = 42	
6 × 8 = 48	6 × 8 = 48	
6 × 9 = 54	6 × 9 = 54	

6단에는 어떤 규칙이 있는지 찾아볼까요? 값의 끝이 6, 2, 8, 4, 0, 6, 2, 8, 4로 끝나네요?

구구단 읽고 쓰기 7단

1 7단을 소리 내어 읽고 한글로 써 보세요.

5번씩 읽기!

또박 또박!

7단	소리 내어 읽기	한글로 쓰기
7 × 1 = 7	칠 일은 칠	칠 일은 칠
7 × 2 = 14	칠 이 십사	
7 × 3 = 21	칠 삼 이십일	
7 × 4 = 28	칠 사 이십팔	
7 × 5 = 35	칠 오 삼십오	
7 × 6 = 42	칠 육 사십이	
7 × 7 = 49	칠 칠 사십구	
7 × 8 = 56	칠 팔 오십육	
7 × 9 = 63	칠 구 육십삼	

소리 내어 읽을 때마다 숫자에 동그라미 표시해요!
1 2 3 4 5

월 일

2 7단의 곱셈식을 써 보세요.

회색 글씨 따라 쓰기! 직접 써 보기!

식	따라 쓰기	써 보기
7 × 1 = 7	7 × 1 = 7	
7 × 2 = 14	7 × 2 = 14	
7 × 3 = 21	7 × 3 = 21	
7 × 4 = 28	7 × 4 = 28	
7 × 5 = 35	7 × 5 = 35	
7 × 6 = 42	7 × 6 = 42	
7 × 7 = 49	7 × 7 = 49	
7 × 8 = 56	7 × 8 = 56	
7 × 9 = 63	7 × 9 = 63	

7단에 오니까 점점 어려워지죠? 큰 소리로 읽으며 써 보세요.

구구단 읽고 쓰기 8단

1 8단을 소리 내어 읽고 한글로 써 보세요.

5번씩 읽기!
또박또박!

8단	소리 내어 읽기	한글로 쓰기
8 × 1 = 8	팔 일은 팔	팔일은팔
8 × 2 = 16	팔 이 십육	
8 × 3 = 24	팔 삼 이십사	
8 × 4 = 32	팔 사 삼십이	
8 × 5 = 40	팔 오 사십	
8 × 6 = 48	팔 육 사십팔	
8 × 7 = 56	팔 칠 오십육	
8 × 8 = 64	팔 팔 육십사	
8 × 9 = 72	팔 구 칠십이	

소리 내어 읽을 때마다 숫자에 동그라미 표시해요!
1 2 3 4 5

월   일

2 8단의 곱셈식을 써 보세요.

회색 글씨 따라 쓰기!   직접 써 보기!

8 × 1 = 8	8 × 1 = 8	
8 × 2 = 16	8 × 2 = 16	
8 × 3 = 24	8 × 3 = 24	
8 × 4 = 32	8 × 4 = 32	
8 × 5 = 40	8 × 5 = 40	
8 × 6 = 48	8 × 6 = 48	
8 × 7 = 56	8 × 7 = 56	
8 × 8 = 64	8 × 8 = 64	
8 × 9 = 72	8 × 9 = 72	

구구단 읽고 쓰기 9단

① 9단을 소리 내어 읽고 한글로 써 보세요.

5번씩 읽기!
또박또박!

9단	소리 내어 읽기	한글로 쓰기
9 × 1 = 9	구 일 은 구	구 일 은 구
9 × 2 = 18	구 이 십팔	
9 × 3 = 27	구 삼 이십칠	
9 × 4 = 36	구 사 삼십육	
9 × 5 = 45	구 오 사십오	
9 × 6 = 54	구 육 오십사	
9 × 7 = 63	구 칠 육십삼	
9 × 8 = 72	구 팔 칠십이	
9 × 9 = 81	구 구 팔십일	

소리 내어 읽을 때마다 숫자에 동그라미 표시해요!
1 2 3 4 5

월 일

2 9단의 곱셈식을 써 보세요.

회색 글씨 따라 쓰기!   직접 써 보기!

9 × 1 = 9	9 × 1 = 9	
9 × 2 = 18	9 × 2 = 18	
9 × 3 = 27	9 × 3 = 27	
9 × 4 = 36	9 × 4 = 36	
9 × 5 = 45	9 × 5 = 45	
9 × 6 = 54	9 × 6 = 54	
9 × 7 = 63	9 × 7 = 63	
9 × 8 = 72	9 × 8 = 72	
9 × 9 = 81	9 × 9 = 81	

9단은 값의 끝이 9, 8, 7, 6, 5, 4, 3, 2, 1과 같이 하나씩 줄어들어요!

찾아라! 귀신 조각

 귀신과 조각을 알맞게 짝을 지어 보세요.

신비아파트 친구들 퍼즐에서 빈 곳의 퍼즐을 찾아보세요.

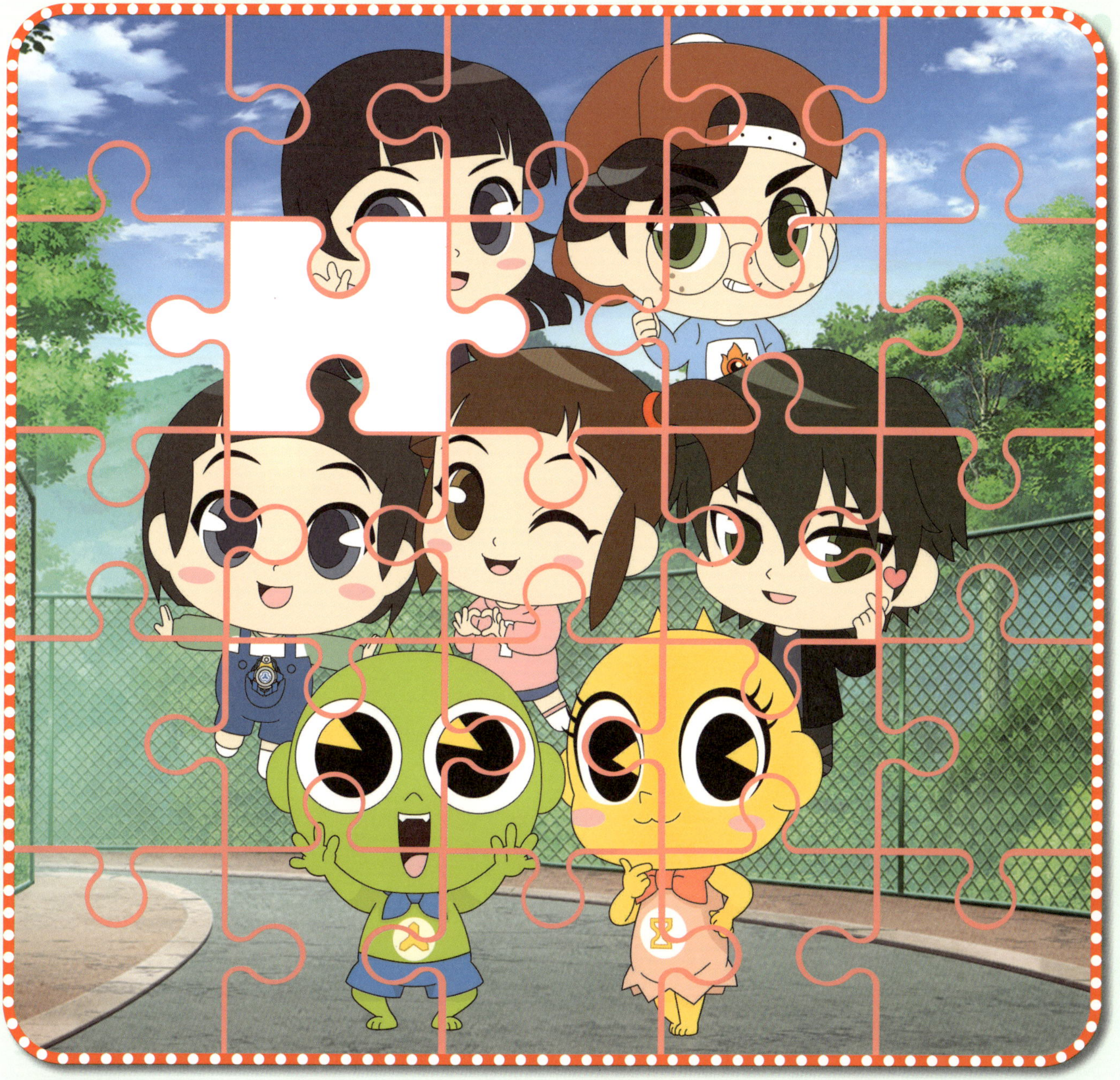

①

②

③

④

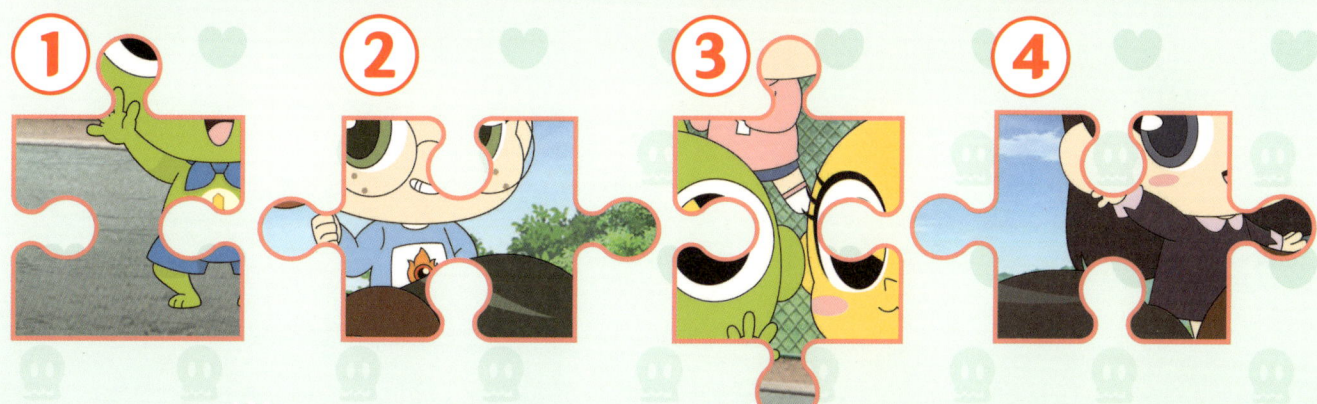

구구단 익히기 2단

① 2씩 뛰어 세기를 하며 구구단 2단을 익혀 보세요.
그리고 뛰어 세기 그림을 보고 값을 적어 보세요.

	2씩 뛰어 세기	값
1번	0 2	2
2번	0 2 4	4
3번	0 2 4 6	6
4번	0 2 4 6 8	
5번	0 2 4 6 8 10	
6번	0 2 4 6 8 10 12	
7번	0 2 4 6 8 10 12 14	
8번	0 2 4 6 8 10 12 14 16	
9번	0 2 4 6 8 10 12 14 16 18	

월 일

2 아래에서 2단에 나오는 숫자에 스티커를 붙여 보세요.

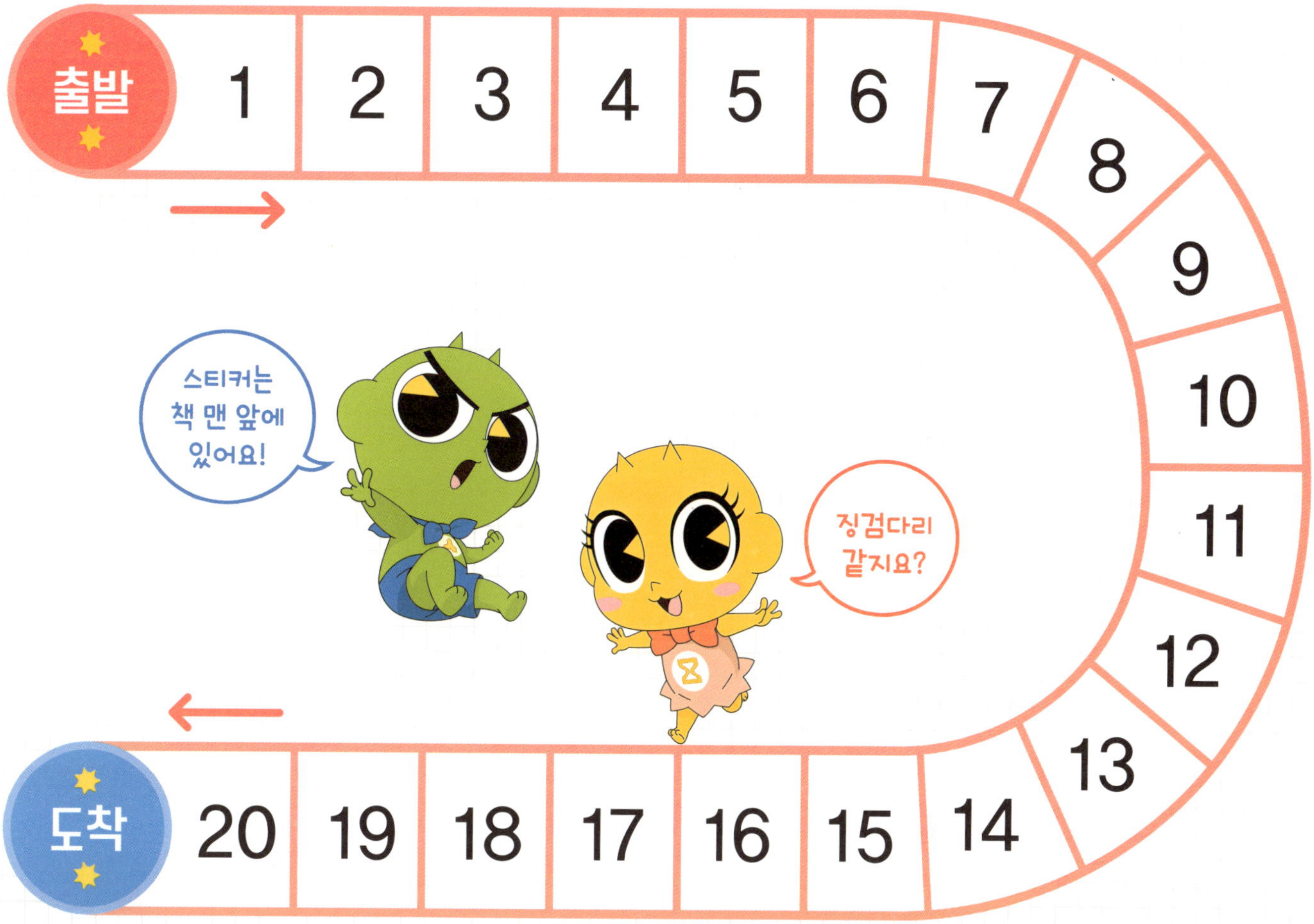

출발 → 1　2　3　4　5　6　7　8　9　10　11　12　13　14　15　16　17　18　19　20 ← 도착

스티커는 책 맨 앞에 있어요!

징검다리 같지요?

3 아래 곱셈표에 구구단 2단의 수를 써넣으세요.

×	1	2	3	4	5	6	7	8	9
2	2								

구구단 익히기 3단

 3씩 뛰어 세기를 하며 구구단 3단을 익혀 보세요.
그리고 뛰어 세기 그림을 보고 값을 적어 보세요.

	3씩 뛰어 세기	값
1번	0 3	3
2번	0 3 6	6
3번	0 3 6 9	9
4번	0 3 6 9 12	
5번	0 3 6 9 12 15	
6번	0 3 6 9 12 15 18	
7번	0 3 6 9 12 15 18 21	
8번	0 3 6 9 12 15 18 21 24	
9번	0 3 6 9 12 15 18 21 24 27	

2 아래에서 3단에 나오는 숫자에 스티커를 붙여 보세요.

출발 → 1 2 3 4 5 6 7 8 9 10 11 12 13 14 15 16 17 18 19 20 21 22 23 24 25 26 27 28 29 30 → 도착

3 아래 곱셈표에 구구단 3단의 수를 써넣으세요.

×	1	2	3	4	5	6	7	8	9
3	3								

구구단 익히기 4단

① 4씩 뛰어 세기를 하며 구구단 4단을 익혀 보세요.
그리고 뛰어 세기 그림을 보고 값을 적어 보세요.

	4씩 뛰어 세기	값
1번	0 4	4
2번	0 4 8	8
3번	0 4 8 12	12
4번	0 4 8 12 16	
5번	0 4 8 12 16 20	
6번	0 4 8 12 16 20 24	
7번	0 4 8 12 16 20 24 28	
8번	0 4 8 12 16 20 24 28 32	
9번	0 4 8 12 16 20 24 28 32 36	

2 아래에서 4단에 나오는 숫자에 스티커를 붙여 보세요.

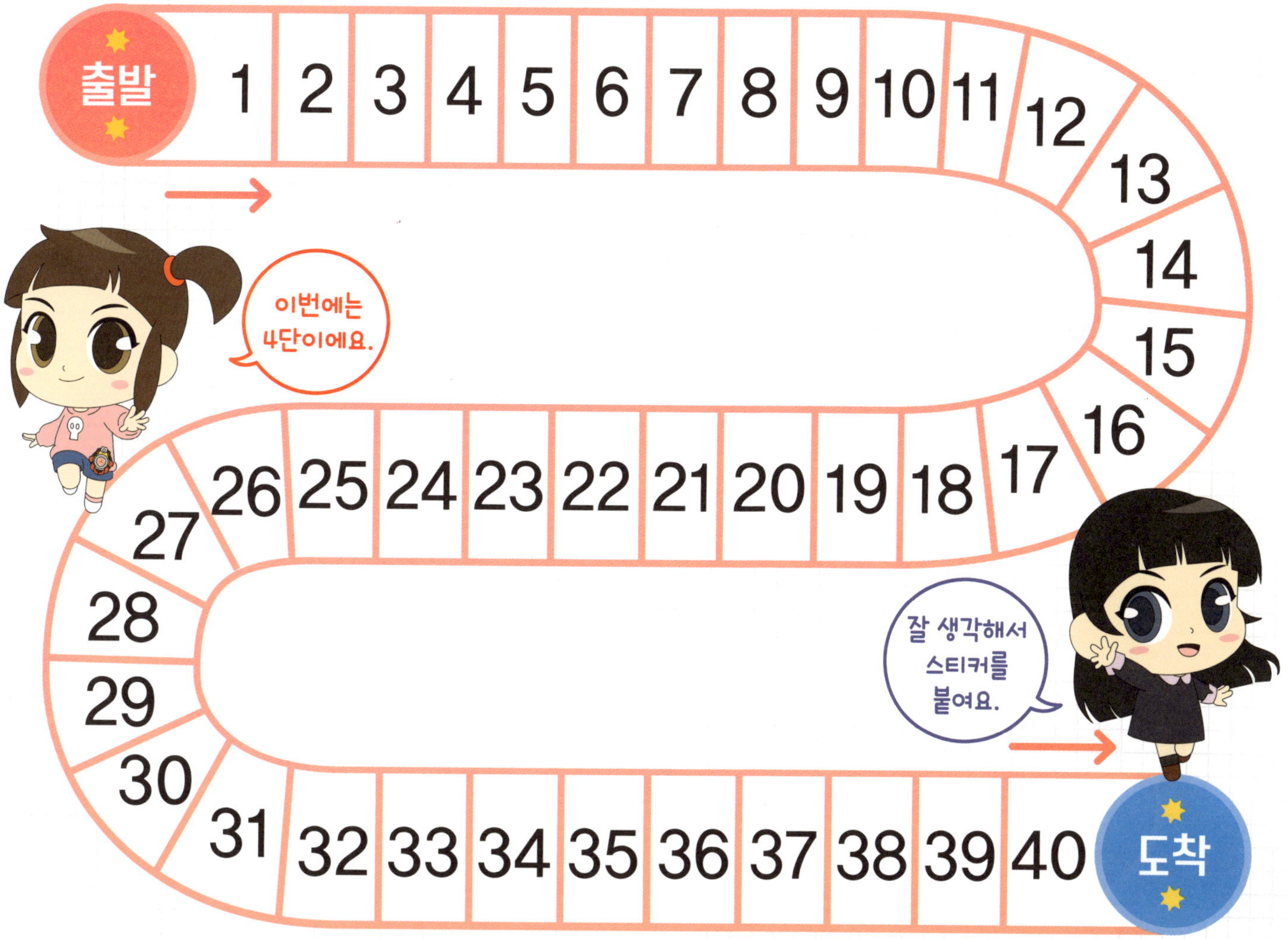

출발 → 1 2 3 4 5 6 7 8 9 10 11 12 13 14 15 16 17 18 19 20 21 22 23 24 25 26 27 28 29 30 31 32 33 34 35 36 37 38 39 40 → 도착

이번에는 4단이에요.

잘 생각해서 스티커를 붙여요.

3 아래 곱셈표에 구구단 4단의 수를 써넣으세요.

×	1	2	3	4	5	6	7	8	9
4	4								

구구단 익히기 5단

① 5씩 뛰어 세기를 하며 구구단 5단을 익혀 보세요.
그리고 뛰어 세기 그림을 보고 값을 적어 보세요.

	5씩 뛰어 세기	값
1번	0 5	5
2번	0 5 10	10
3번	0 5 10 15	15
4번	0 5 10 15 20	
5번	0 5 10 15 20 25	
6번	0 5 10 15 20 25 30	
7번	0 5 10 15 20 25 30 35	
8번	0 5 10 15 20 25 30 35 40	
9번	0 5 10 15 20 25 30 35 40 45	

2 아래에서 5단에 나오는 숫자에 스티커를 붙여 보세요.

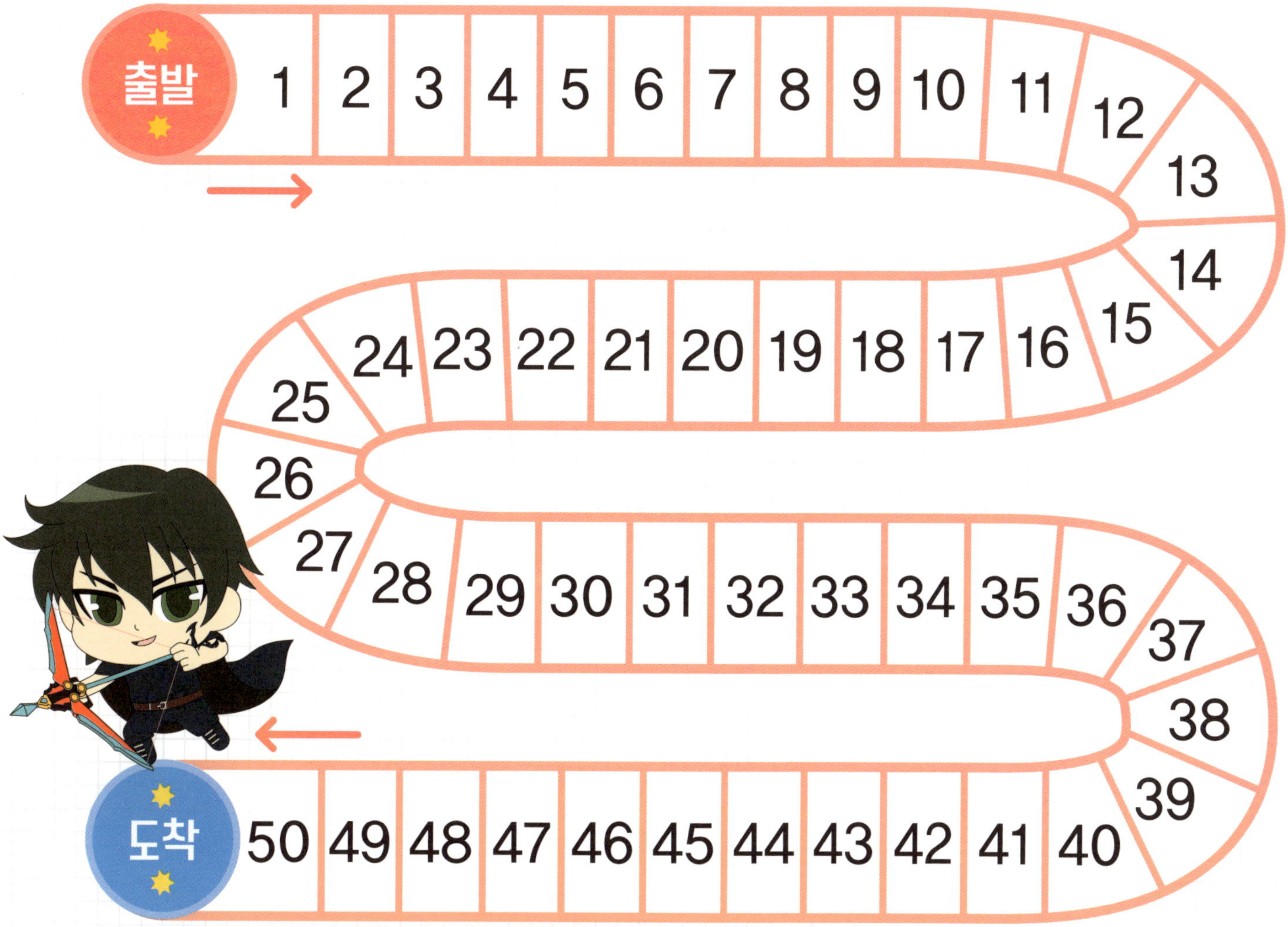

3 아래 곱셈표에 구구단 5단의 수를 써넣으세요.

×	1	2	3	4	5	6	7	8	9
5	5								

찾아라! 숨은그림찾기

숨은 그림 10개 🔍
연필, 지팡이, 버섯, 빗자루, 도깨비 방망이, 나비, 네 잎 클로버, 당근, 자동차, 장화

 # 구구단 익히기 6단

1 6씩 뛰어 세기를 하며 구구단 6단을 익혀 보세요.
그리고 뛰어 세기 그림을 보고 값을 적어 보세요.

	6씩 뛰어 세기	값
1번	0 6	6
2번	0 6 12	12
3번	0 6 12 18	18
4번	0 6 12 18 24	
5번	0 6 12 18 24 30	
6번	0 6 12 18 24 30 36	
7번	0 6 12 18 24 30 36 42	
8번	0 6 12 18 24 30 36 42 48	
9번	0 6 12 18 24 30 36 42 48 54	

월   일

2 아래에서 6단에 나오는 숫자에 스티커를 붙여 보세요.

출발 → 1 2 3 4 5 6 7 8 9 10 11 12 13
24 23 22 21 20 19 18 17 16 15 14
25 26 27 28 29 30 31 32 33 34 35 36 37
48 47 46 45 44 43 42 41 40 39 38
49 50 51 52 53 54 55 56 57 58 59 60 → 도착

3 아래 곱셈표에 구구단 6단의 수를 써넣으세요.

x	1	2	3	4	5	6	7	8	9
6	6								

구구단 익히기 7단

① 7씩 뛰어 세기를 하며 구구단 7단을 익혀 보세요.
그리고 뛰어 세기 그림을 보고 값을 적어 보세요.

	7씩 뛰어 세기	값
1번	0　7	7
2번	0　7　14	14
3번	0　7　14　21	21
4번	0　7　14　21　28	
5번	0　7　14　21　28　35	
6번	0　7　14　21　28　35　42	
7번	0　7　14　21　28　35　42　49	
8번	0　7　14　21　28　35　42　49　56	
9번	0　7　14　21　28　35　42　49　56　63	

월   일

2 아래에서 7단에 나오는 숫자에 스티커를 붙여 보세요.

출발 → 1 2 3 4 5 6 7 8 9 10 11 12 13 24 23 22 21 20 19 18 17 16 15 14 25 26 27 28 29 30 31 32 33 34 35 36 37 48 47 46 45 44 43 42 41 40 39 38 49 50 51 52 53 54 55 56 57 58 59 60 61 도착 ← 70 69 68 67 66 65 64 63 62

3 아래 곱셈표에 구구단 7단의 수를 써넣으세요.

×	1	2	3	4	5	6	7	8	9
7	7								

구구단 익히기 8단

1 8씩 뛰어 세기를 하며 구구단 8단을 익혀 보세요.
그리고 뛰어 세기 그림을 보고 값을 적어 보세요.

	8씩 뛰어 세기	값
1번	0, 8	8
2번	0, 8, 16	16
3번	0, 8, 16, 24	24
4번	0, 8, 16, 24, 32	
5번	0, 8, 16, 24, 32, 40	
6번	0, 8, 16, 24, 32, 40, 48	
7번	0, 8, 16, 24, 32, 40, 48, 56	
8번	0, 8, 16, 24, 32, 40, 48, 56, 64	
9번	0, 8, 16, 24, 32, 40, 48, 56, 64, 72	

월   일

2 아래에서 8단에 나오는 숫자에 스티커를 붙여 보세요.

출발 → 1 2 3 4 5 6 7 8 9 10 11 12 13 14 15 16 17 18 19 20 21 22 23 24 25 26 27 28 29 30 31 32 33 34 35 36 37 38 39 40 41 42 43 44 45 46 47 48 49 50 51 52 53 54 55 56 57 58 59 60 61 62 63 64 65 66 67 68 69 70 71 72 73 74 75 76 77 78 79 80 도착

3 아래 곱셈표에 구구단 8단의 수를 써넣으세요.

×	1	2	3	4	5	6	7	8	9
8	8								

구구단 익히기 9단

① 9씩 뛰어 세기를 하며 구구단 9단을 익혀 보세요.
그리고 뛰어 세기 그림을 보고 값을 적어 보세요.

	9씩 뛰어 세기	값
1번	0 9	9
2번	0 9 18	18
3번	0 9 18 27	27
4번	0 9 18 27 36	
5번	0 9 18 27 36 45	
6번	0 9 18 27 36 45 54	
7번	0 9 18 27 36 45 54 63	
8번	0 9 18 27 36 45 54 63 72	
9번	0 9 18 27 36 45 54 63 72 81	

월   일

2 아래에서 9단에 나오는 숫자에 스티커를 붙여 보세요.

출발 → 1 2 3 4 5 6 7 8 9 10 11 12 13 14 15 16 17 18 19 20 21 22 23 24 25 26 27 28 29 30 31 32 33 34 35 36 37 38 39 40 41 42 43 44 45 46 47 48 49 50 51 52 53 54 55 56 57 58 59 60 61 62 63 64 65 66 67 68 69 70 71 72 73 74 75 76 77 78 79 80 81 82 83 84 85 86 87 88 89 90 → 도착

3 아래 곱셈표에 구구단 9단의 수를 써넣으세요.

×	1	2	3	4	5	6	7	8	9
9	9								

구구단 미로찾기

출발 ➡

2 × 4

10
8
21
7

3 × 9
27

12
14
11
2 × 6
3 × 8
24
12
8

신비가 구구단의 정답을 찾아 미로를 빠져나갈 수 있게 도와주세요.

4장

두리랑 구구단 문제 풀기

무엇을 공부할까?

1. 곱셈구구표 채우기
2. 곱셈식 문제 풀기
3. 구구단 문제 만들기

가로세로 곱셈구구표

1 곱셈구구표 채우기

1단부터 9단까지의 곱셈구구표를 보며 빈칸에 해당하는 수를 채워 넣어 보세요.

곱하는 수

×	1	2	3	4	5	6	7	8	9
1		2		4				8	
2				8		12			
3		6							
4				16		24		32	
5		10		20					
6						36			
7		14						56	
8				32		48		64	
9									

곱해지는 수

점선을 따라 접으면 서로 만나는 수가 똑같다는 것을 알 수 있어요. 정말 재밌지요?

월   일

2 구구단 정답 찾기

2단에 해당하는 수에 ○ 표시, 5단에 해당하는 수에 △ 표시,
6단에 해당하는 수에 □ 표시, 9단에 해당하는 수에 ☆ 표시해 보세요.

1	2	3	4	5	6	7	8	9	10
11	12	13	14	15	16	17	18	19	20
21	22	23	24	25	26	27	28	29	30
31	32	33	34	35	36	37	38	39	40
41	42	43	44	45	46	47	48	49	50
51	52	53	54	55	56	57	58	59	60
61	62	63	64	65	66	67	68	69	70
71	72	73	74	75	76	77	78	79	80
81	82	83	84	85	86	87	88	89	90
91	92	93	94	95	96	97	98	99	100

표시가 겹치는 수들이 있어도 괜찮아요!

구구단 정복하기

1 곱셈식 문제의 값 구하기

구구단을 이용해서 아래 곱셈식의 값을 구해 보세요.

2 × 4 =	3 × 3 =	6 × 8 =
4 × 7 =	9 × 2 =	7 × 9 =
5 × 3 =	8 × 8 =	4 × 6 =
3 × 7 =	2 × 9 =	5 × 4 =
8 × 6 =	4 × 3 =	2 × 7 =
3 × 9 =	5 × 6 =	6 × 3 =
7 × 4 =	9 × 4 =	8 × 7 =
6 × 7 =	4 × 9 =	7 × 7 =
5 × 8 =	2 × 8 =	4 × 5 =
8 × 4 =	6 × 9 =	3 × 8 =

2 문장으로 된 문제의 값 구하기

그림을 보고 빈칸에 알맞은 수를 써넣어 보세요.
그리고 구구단을 이용해 값을 구해 보세요.

4명이 사과를 3개씩 먹으려면 모두 몇 개의 사과가 있어야 할까요?

(명) × (개) = (개)

잎이 4개인 네 잎 클로버가 5개 있어요.
잎은 모두 몇 개일까요?

(개) × (개) = (개)

3명씩 줄을 서서 6줄이 되었어요.
모두 몇 명일까요?

(명) × (줄) = (명)

내가 만드는 구구단 문제

91쪽을 참고해서 원하는 그림을 그리고 직접 구구단 문제를 만들어 보세요.

그림 그리는 곳

그림 그리는 곳

문제 ( ) × ( ) = ( )

그림 그리는 곳

그림 그리는 곳

문제 ( ) × ( ) = ( )

그림 그리는 곳

그림 그리는 곳

문제 ( ) × ( ) = ( )

구구단 쓰기 상

이름 ....

위 어린이는 성실하게
구구단 쓰기를
완료하였으므로
이 상장을 주어 칭찬합니다.

년   월   일

신비아파트 친구들 일동

* 구구단표를 잘라 책상이나 벽에 붙여 놓으면 좋아요!

머리에 쏙쏙! 구구단!

2단
2 × 1 = 2
2 × 2 = 4
2 × 3 = 6
2 × 4 = 8
2 × 5 = 10
2 × 6 = 12
2 × 7 = 14
2 × 8 = 16
2 × 9 = 18

3단
3 × 1 = 3
3 × 2 = 6
3 × 3 = 9
3 × 4 = 12
3 × 5 = 15
3 × 6 = 18
3 × 7 = 21
3 × 8 = 24
3 × 9 = 27

4단
4 × 1 = 4
4 × 2 = 8
4 × 3 = 12
4 × 4 = 16
4 × 5 = 20
4 × 6 = 24
4 × 7 = 28
4 × 8 = 32
4 × 9 = 36

5단
5 × 1 = 5
5 × 2 = 10
5 × 3 = 15
5 × 4 = 20
5 × 5 = 25
5 × 6 = 30
5 × 7 = 35
5 × 8 = 40
5 × 9 = 45

6단
6 × 1 = 6
6 × 2 = 12
6 × 3 = 18
6 × 4 = 24
6 × 5 = 30
6 × 6 = 36
6 × 7 = 42
6 × 8 = 48
6 × 9 = 54

7단
7 × 1 = 7
7 × 2 = 14
7 × 3 = 21
7 × 4 = 28
7 × 5 = 35
7 × 6 = 42
7 × 7 = 49
7 × 8 = 56
7 × 9 = 63

8단
8 × 1 = 8
8 × 2 = 16
8 × 3 = 24
8 × 4 = 32
8 × 5 = 40
8 × 6 = 48
8 × 7 = 56
8 × 8 = 64
8 × 9 = 72

9단
9 × 1 = 9
9 × 2 = 18
9 × 3 = 27
9 × 4 = 36
9 × 5 = 45
9 × 6 = 54
9 × 7 = 63
9 × 8 = 72
9 × 9 = 81

정답

8-9쪽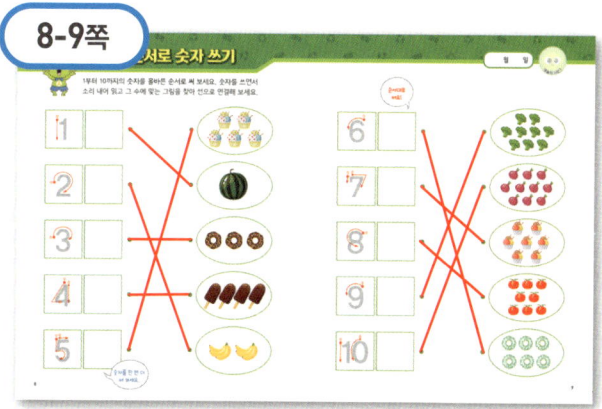

10-11쪽

12-13쪽

14-15쪽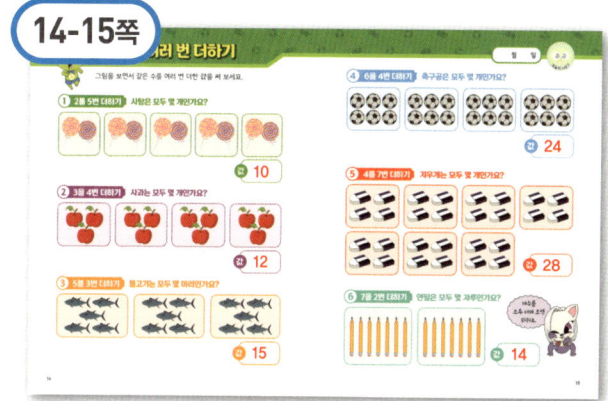

16-17쪽

18-19쪽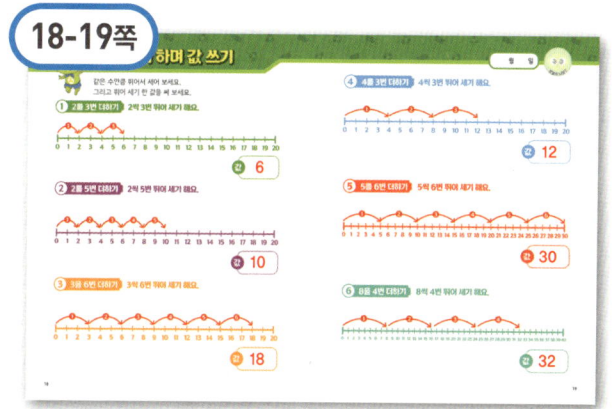

쪽수	정답
24-25쪽	2, 4, 6, 8, 10, 12, 14, 16, 18
26-27쪽	3, 6, 9, 12, 15, 18, 21, 24, 27
28-29쪽	4, 8, 12, 16, 20, 24, 28, 32, 36
30-31쪽	5, 10, 15, 20, 25, 30, 35, 40, 45
34-35쪽	6, 12, 18, 24, 30, 36, 42, 48, 54
36-37쪽	7, 14, 21, 28, 35, 42, 49, 56, 63
38-39쪽	8, 16, 24, 32, 40, 48, 56, 64, 72
40-41쪽	9, 18, 27, 36, 45, 54, 63, 72, 81

66-67쪽

68-69쪽
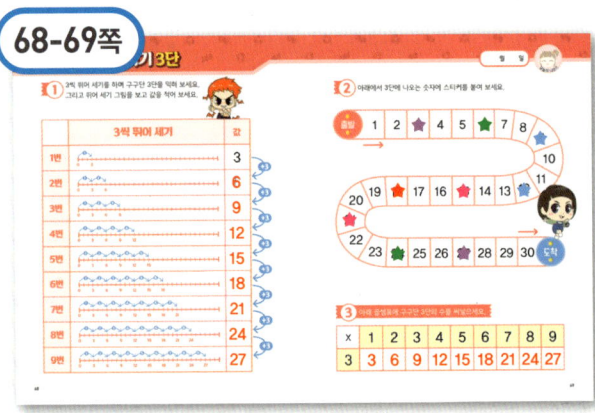

70-71쪽

72-73쪽

76-77쪽
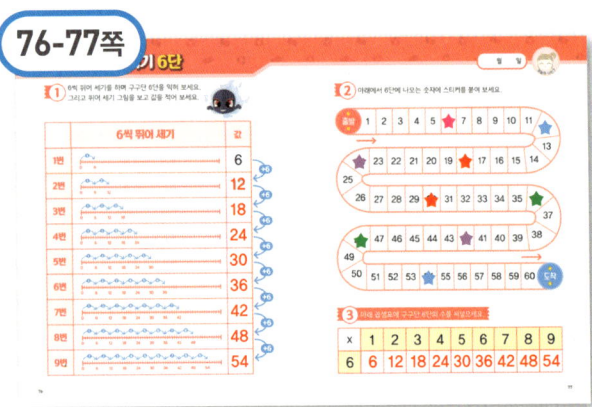

78-79쪽

80-81쪽

82-83쪽